LIVRES NOUVEAUX

Qui se trouvent chez VOLLAND, Libraire, quai des Augustins, près la rue du Hurepoix.

*La Vie & les Opinions de Tristram Shandy; traduites de l'Anglois de Stern, par M. Frénais, & M. le Marquis de ***, 4 vol. in-12, fig. br. 8 liv.*

IL court des deux derniers volumes de ce livre une autre traduction qu'il faut bien se donner de garde de confondre avec la nôtre, le style en est lâche, rampant, & les idées comiques de M. Stern sont rendues si gauchement, qu'on croiroit cette traduction l'ouvrage d'un écolier forcé de faire une version. Cependant cinquante mille prospectus répandus sous le nom d'un Libraire de Geneve, annoncent cette suite format in-12 & in-18, & le public qui a eu tant de plaisir en lisant les deux premiers volumes, l'acheteroit n'en connoissant pas d'autre. Nous nous empressons donc de lui annoncer notre nouvelle traduction, faite par un homme de la cour, qui a la gaieté, & si on osoit le dire, un peu du génie de M. Stern. Nous nous dispenserons de parler de l'original, les éditions multipliées & la réputation de M. Stern, le mettent au-dessus de nos éloges. Notre traduction de format in-18 & in-12, étant ornée des figures de l'original Anglois, il est très-facile de la distinguer.

Les tomes 3 & 4 se vendent séparément br. 4 liv.

Dictionnaire Minéralogique & Hydraulogique de la France, ouvrage nécessaire à tous ceux qui veulent étudier l'Histoire Naturelle, du fonds de M. Gogué, 4 vol. in-8°. br. 15 liv.

CE livre le seul que nous ayons en France sur cette matiere intéressante, est le travail d'un homme consommé dans l'Histoire Naturelle; de de MM Buffon, Bomare, Guettard & Soulavie, sont les sources où il a puisé. Les premier & second volumes contiennent les Fontaines minérales, & les trois trois & quatre les

Mines & Fossiles. Cet ouvrage d'une nécessité indispensable, a mérité à son Auteur, un rang distingué parmi nos meilleurs Naturalistes.

Observations sur les devoirs des hommes relativement au droit naturel & au droit des gens, in-8°. papier d'Angoulême, 2 liv. 10 sols.

M. le Baron de M ***, plein de la lecture des Volf, Grotius, Burlamaqui, Barbeyrac & Mably, s'est déterminé à mettre au jour ce livre, fruit d'un travail de plus de quatre ans. Pour donner une idée de la morale & du style de l'Auteur, nous transcrirons une demi-page où il peint le déréglement de nos jeunes gens modernes.

Suivons ce libertin, où va-t-il? il va prostituer sa santé à des femmes de débauche, ou corrompre l'innocence, acheter le plaisir de l'amour, l'éteindre sans en jouir, sans en remplir l'objet & se mettre hors d'état de le remplir jamais : il lui faut chaque jour de nouvelles jouissances, il en fait son unique occupation. Sexe trop facile qui surpassez l'homme en déréglemens, vous avez corrompu en lui le sentiment, vous êtes la cause de ses excès, & souvent vous n'en êtes pas l'objet, tellement il vous méprise; tel est le vrai portrait du libertin & de la femme débauchée : ils ne diffèrent des Animaux que par l'excès de leur abrutissement.

Memoires de Berval, 1784, in-8°. petit papier, 1 liv. 10 sols.

Ce petit Roman écrit d'un style pur, est d'une morale douce, la rapidité avec laquelle la première édition a été enlevée, marque assez qu'il n'est pas sans mérite.

Aventures malheureuses de la Comtesse de Suede, 2 vol. in-12, br. 1 liv. 16 sols.

Ce Roman traduit de l'Allemand du célebre Gellert, contient, sous un nom emprunté, l'Histoire d'une Princesse de Suede, qui a été accablée de toutes sortes de malheurs. Sa Majesté le Roi de Suede en a accepté la dédicace.

Iliade d'Homere, traduction de M. le Brun, nouvelle édition, 1785, 7 liv. 4 sols.

Pour bien traduire un Poëte, il faut être Poëte soi-même, a dit un Auteur célebre. L'imagination riche de M. le Brun, l'énergie de son pinceau & la profonde connoissance des Anciens, le mettroient bien dans le cas d'effacer ses devanciers. Cette édition demandée avec empressement, est une preuve que malgré les cinq ou six nouvelles Traductions de l'Iliade, celle de M. le Brun a un avantage qu'elle ne doit qu'à sa supériorité.

Œuvres posthumes de J. J. Rousseau, tomes X, XI & XII, faisant supplément à toutes les éditions, in-8°. 3 vol. de plus de 350 pages chacun, prix 3 liv. 12 sols, au lieu de 9 liv.

On trouve dans ces volumes la découverte du nouveau monde, le fragment d'Iphis, le Verger des Charmettes (piece comparable à la Chartreuse de Gresset) différentes lettres en vers & en prose, dont une vingtaine sur la Botanique, la vertu vengée par l'amitié, l'Histoire des démêlés de Rousseau avec MM. Hume & Voltaire, projet d'éducation pour M. de Ste Marie, l'Oraison funebre de Monseigneur le Duc d'Orléans, les Prisonniers de Guerre, comédie, &c. Ces trois volumes mis à un prix modique, & ne contenant que des pieces isolées, conviennent aux personnes qui n'auroient pas même un volume de Rousseau.

Les Fables de la Fontaine, 2 vol. in-12, petit papier, br. 1785, de l'Impr. de Didot l'aîné, sur du joli papier, 2 liv.

Cette édition ornée des notes de M. Coste, est recommandable par le soin typographique que M. Didot donne aux choses les plus communes.

Lu & approuvé, ce 19 Août 1785, DE SAUVIGNY.

Livres qui se trouvent chez le même Libraire.

Adonis, poëme avec une belle fig. in-8°. br. 2 liv 8 s.
Adrienne, ou les av. de la Marq. de N N, 2 vol. 3 l. 12 s.
Almoran & Hamet, 2 vol. in-12 br. 3 liv.
Alphonsus, Tractatus de Olea, in-folio 2 vol. bl. 7 l. 4 s.
Ambass. & négoc. d'Estrades, de 1637 à 1661, in-12 br. 2 l.
Ammien Marcellin, Histoire Romaine, 3 vol in-12, 9 l.

Amours d'Alzidor & Charisée, 2 vol. in-12, br. 2 l. 8 s.
—de Mad. d'Elbeuf, Rom. histor. in-8°. br. 3 l. 12 s.
—propre, sacrifié au plaisir de la vengeance, 4 vol. in-12, pet. pap. br. 4 liv. 16 sols.
Anecdotes Orientales, dédiées aux Dames 2 vol. 2 liv 8 s.
—Africaines, Amériquaines, Arabes, de bienfaisance. &c. 21 vol. in-8°. rel. 105 liv.
—secrettes de Charles VIII & Louis XI, 2 vol. br. 2 l. 8 s.
Apologie d'Homere, in-12 br. 1 liv 16 sols.
Archimbaud, Recueil de pieces, 4 vol. in-12 br. 4 l. 16 s.
Amusement du beau-sexe, 8 vol. in-12, 15 liv.
—poëtiques de Disson, in 8°. pet. pap. br. 2 liv. 8 sols.
Anatomie de la langue Latine, par Lebel, in-12 br. 2 liv.
Architecture & proportion des trois ordres Grecs, par Antoine, in-4°. 1768, fig. 7 liv. 10 sols.
Aristophane, traduction de Mad. Dacier, in-12, br. 2 l.
Arithmétique en sa perfec., par le Gendre, in-12, 2 l. 10 s.
Art du Poëte & de l'Orateur, in-12, 2 liv. 10 sols.
—de la Caval. de Saulnier, rempli de fig. in-fol. 24 liv.
Bareme, livre nécessaire, 1 vol. in-12, 2 liv. 10 sols.
Bible de Royaumont, in-4°. fig. 24 liv.
—La même, in-folio, fig. en bois, 18 liv.
—La même, in-12, 2 liv. 10 sols.
Bibliotheque Ecclésiastique, 8 vol. in-12, 24 liv.
—Angloise, 1756, & à Juin 1757, 9 vol. in-8°. br. 6 l.
—Françoise, ou Histoire Littéraire de la France, 1733, & suiv. 15 vol. in-8°. pet. pap. 15 liv.
—historique de la Congrégation de S. Maur par le Cerf, in-12, 3 liv.
Boerrhave, Elementa chimiæ, 2 vol. in-4°. rel. 21 liv.
Boileau, 2 vol. gr. in-12, 6 liv.
—3 vol. pet. pap. 6 liv.
—2 vol. pet. pap. 4 liv.
—1 vol. pet. pap. 2 liv.
Bonheur, (du) public, par Muratori, 2 gros vol. in-12 broché, 3 liv. 12 sols.
Boulogne, (M. l'Abbé de) Panégyrique de S. Louis & Eloge du Dauphin, in-8°. 2 liv. 8 sols.
Bossuet, Connoissance de Dieu & de soi-même, in-12, 3 l.
Bachaumont & Chapelle, (Œuv. de) in-12, rel. 2 l. 10 s.
Bachelier de Salamanque, 3 vol. in-12, rel. 6 liv.

Baill[illegible], Tractatus de Religione & Ecclesia, 4 vol. in-12 relié, 12 liv.
Beausobre, dissertation sur la nature du feu, in-12, 2 l.
Bergier, (Œuvres complettes de) 6 vol. contenant l'Apologie de la religion, la réfutation du systême de la Nature ou examen du Matérialisme, le Déisme réfuté, la certitude des preuves de la Religion, rel. 18 liv. Avec ces 6 volumes le traité de la Religion du même Auteur est presque inutile.
Bélisaire, Comédie de Moissy, in-12, br. 15 sols.
Bertrand, Recueil sur les Fossiles, in-4°. 9 liv.
Cabassutii Theoria & Praxis Juris Can. in-4°. bl. 3 liv.
Calculs faits de Mezanges, in-12, rel. 3 liv.
Campagnes de Louis XIV, par Pelisson, in-12, br. 2 l. 10 s.
Caracteres de la Bruyere, in-4°. gr. pap. 18 liv.
—les mêmes, 2 vol. in-12, 6 liv.
Certitude des connoissances humaines, in-8°. pet. pap. 3 l.
Chirurgie, (Traité de) de la Motte, 2 vol in-8°, 12 l.
Choix de Poésies, 1715, 2 gros vol. in-8°. 1 liv. 16 sols.
Clavecin électrique, du pere de la Borde, in-12, fig. broché, 2 liv. 8 sols.
Code de l'humanité, in-12, 2 vol. br. 2 liv.
— Militaire de Briquet, 8 vol. in-12, br. 12 liv.
Collectio Constitutionum imperialium, Haiminsfeldii, 4 vol. in-folio, br. 24 liv.
Commenc. de l'hist. de l'Eglise, 2 vol. in-12, br. 3 l. 12 s.
Commentaire sur les Ordonnances de Louis XIV, sur la procédure civile & criminelle, par un Avocat de Toulouse, in-4°. 9 liv.
Conduite X^e. déd. à la Duc. de Bourg. in-12, p. p. 3 l. 10 s.
Conf. trahie, ou Let. du Chev. de Murcy, in-12, 1 l. 10 s.
Confiturier Royal, in-12, 3 liv.
Connoissance de la Mythologie, in-12, 2 liv. 10 sols.
—& traitement des maladies aiguës, in-12, 3 liv.
Cont. & Fabl. de Pilpay, par Card., 3 v. in-12, 7 l. 10 s.
—de Boccace & de la Reine de Navarre, 4 vol. in-12, petit papier, 9 liv.
Cornaro, art de se conserv. long-tems en santé, 1 v. 1 l. 4 s.
Cours de Chymie de Montpellier, in-12, br. 1 liv. 16 sols.
Coutume de Metz, in-8°. pet. pap. 3 liv.
—de Paris, de Ferriere, 2 vol. in-12, 5 liv.

Coutume de Troyes, in-12, 4 liv. 16 sols.
Crébillon pere, magnifique édition, 3 vol. in-8°. 21 liv.
Croiset, (le pere) Retr. & Réflex., 4 vol. in-12, 10 liv.
Crouzas, Essai sur le mouvement, avec 26 fig. 3 liv.
Czar, (le) premier en France, 2 vol. in-8°. br. 3 liv. 12 sols.
Dancourt, (Chef-d'œuvres de) 4 vol. in-12, 12 liv.
Défense de la Religion de Burnet, 6 vol. in-8°. p. p. 18 l.
Dépit & le voyage, in-8°. g. pap. 3 liv.
Description de Paris, par Piganiol de la Force, 10 vol. in-12, fig. 30 liv.

Ce livre dont on fait tous les ans des extraits, est remarquable par la quantité de figures dont il est décoré.

Description de Versailles, 2 vol. in-12, avec fig. 6 liv.
Deshoulieres, (Œuvres de Madame & Mademoiselle) 2 vol. in-12, pet. pap. 4 liv. 10 sols.
Desmahis, (Œuvres complettes de) 2 vol. in-12, 5 liv.
Destouches, (Œuv. compl. de) 10 vol. in-12, p. p. 20 l.
Dévotion reconciliée de l'Evêque du Puy, in-12, p. p. 2 l.
Diane de Castro, in-12, 2 liv.
Dictionnaire d'Amour de D. du R. 1 vol in-12, br. 2 liv.
—anti-Philosophique, in-8°. petit caractere, 6 liv.
—de Poyer, 2 vol. in-8°. gr. pap. 15 liv.
—de la Géographie sacrée, anc. & moderne, in-8°. 5 liv.
—des Monnoyes, de Bashingen, 2 vol. in-4°. 24 liv.
—politique de Volkna, in-8°. pet. pap. 2 liv. 10 sols.
—des notions primitives, 4 vol. in-8°. 16 liv.
—des richesses de la langue Françoise, in-8°. pet. pap. 3 l.
Diogene moderne, 2 vol. in-8°. br. 6 liv.
Discours de Bussy Rabutin, sur l'adversité, in-12, 2 l. 10 s.
Discursus de Cornutis & hermaphroditis, in 4°. 12 liv.
Dispenses du Carême, de Collet, 3 vol. in-12.
Dons des enfans de Latone, 5 vol. in-8°. br. 7 liv. 10 sols.
Dumoulin, *Circa rem Beneficiariam*, in-12, 3 liv.
Eaux minérales de Bourbonne les Bains, in-8°. 3 liv.
Eclaircissemens sur l'anc. Gaule, de Danville, in-12, 3 l.
—sur Marie, Reine d'Angleterre, 1 vol br 1 liv. 16 sols.
Eclipses modernes, ou la folie du jour, in-12, br. 15 s.
Ecole de l'Officier, du Comte de Bruilh, in-8°. 2 l. 8 s.
Elites de Poesies décentes, 3 vol. in-12, 7 liv. 10 sols.
Eloge de M. de Mui, par M. l'Ev. de Senez, in-8°. 1 l. 4 s.
Entendement humain, (essai sur l') de Dufour, 2 l. 10 s.

Entret., contes & drames de Lafitte, 2 v. in-12, br. 2 l. 8 f.
Epiſtolæ virorum illuſtrium, Voſſii, Grotii, in-4°. bl. 6 l.
Eſſai ſur l'éducation militaire, in-12, br. 1 liv. 4 ſols.
— de morale militaire, in-12, 1 liv. 4 ſols.
— ſur la peinture d'Algarotti, in-12, br. 1 liv. 16 ſols.
— ſur l'eſprit, 1 vol. in-12, br. 2 liv.
— ſur le Sénat Romain, in-12, 2 liv. 10 ſols.
Eſprit de Saurin, 2 vol. in-12, 5 liv.
Etat préſent de l'Egliſe, 2 vol. in-12, 3 liv. 12 ſols.
Extrait de l'eſprit des Loix, in-12, br. 1 liv. 16 ſols.
Fanny Splinger, 2 vol. in-12, 3 liv.
Faſtes des Maiſons d'Orléans & de Bourb. in-8°. 1 l. 16 ſ.
Femmes, (les) de mérite, in-8°. pet. pap. 1 liv. 16 ſols.
Fide, (de) & Officiis Chriſtianorum, in-8°. 2 liv. 8 ſols.
Fondement de la Juriſpr. naturelle, in-8°. br. 3 l. 12 ſ.
Fontenelle, 11 vol in-12, 33 liv.
Formey, Mêlanges de Philoſophie, 2 vol. in-12, 5 liv.
Formey, Philoſophie payenne, 3 vol. in-12, 7 liv. 10 ſols.
Garnier, Sébaſtien, Loyſée & Henriade, in-8°. br. 5 l.
Garſault, Traité des voitures, in-4°. br. 9 liv.
Géographie de Varenius, 4 vol. in-12, fig. 10 liv.
Geſner, Paſtorales, Idilles & Mort d'Abel, 3 vol in-12, 6 l.
Glacieres de Suiſſe, in-4°. figures, 18 liv.
Gradation de l'Amour, par M. Baſtide, in-8°. br. 15 ſols.
Gouan hortus & flora, Monſpelienſes, 2 vol. in-8°. 9 l.
Grammaire Italienne d'Antonini, in-12, 2 liv. 10 ſols.
Griſelidis, ou la Marquiſe de Saluces, br. 15 ſols.
Guide des chemins de France, 1 vol. pet. pap. 2 liv.
Guilhen, ſes aventures galantes, in-12, br. 2 liv. 8 ſols.
Halier, Diſputationes medicæ, 5 vol. in-4°. bl. 24 l.
Hamilton, (Œuv. compl. d') 7 vol. in-12, 14 liv.
Harduini Opera & Comm. in nov. teſtam fol. 2 v. bl. 21 l.
Heineccius ad legem poppæam & juliam, in-4°. bl. 7 l. 4 ſ.
Henriade, (la) de Voltaire, avec des notes & un comm. par la Beaum. & Fréron, ſup. ed. encad. in-4° gr. p. 9 l.
Hiſtoire de l'Agricult. ancienne, extr. de Pline, in-12, 3 l.
— de l'Amérique, de Robertſon, 2 vol. in-4°. 24 liv.
— du Chriſtianiſme des Indes, 2 vol. in-12, 6 liv.
— de Don-Quichotte, 6 vol. in-12, 15 liv.
— du droit public eccléſiaſtique, 2 vol. in-12, 5 liv.
— de l'électricité. 3 vol. in-12, 9 liv.

—de l'état présent de l'Europe, 1774, 2 vol. in-12, 6 l.
—de Hollande, par Aubery, in-8°. 3 liv.
—Militaire de Flandre, connu sous le nom des Campagnes de Luxembourg, 5 part. 2 vol. in-4°. 16 liv.
—de France, nouvelle, où sont décrits tous les traits de bravoure, excités par le Patriot. franc. 6 vol. in-12, 15 l.
—générale de la Marine, 3 vol. in-4°. 36 liv.
—du Monde, de Chevreau, 8 vol. in-12., br. 15 liv.
—du peuple Hébreu, 3 vol. in-8°. pet. pap. 12 liv.
—de la Russie, de Lomonossow, in 8°. pet. pap. 3 liv.
—de Portugal, par de Foria, en portug. fol. blanc, 18 l.
—des Modes Françoises, 2 vol. in-12, br. 2 liv. 8 sols.
—de la République Rom. de Beaufort, 2 vol. in-4°. 18 l.
—de Sophie de Francourt, fig. 2 vol. in-12, br. 4 liv.
Homme juste à la cour, 2 vol. in-12, br. 3 liv. 12 sols.
Hyppolite, Comte de Duglas, 2 vol. in-12, br. 1 l. 16 s.
Jauberthou, traité des maladies vénériennes, in-12, 2 l. 10 s.
Jeune Fille séd., & le Court. herm., de le Tourneur, 15 s.
Joly, Conférences sur les Commandemens & les Mysteres 9 vol. in-12, 22 liv. 10 sols.
Juenin, de Sacramentis, in-fol. bl. 6 liv.
Impostures de l'histoire de Griffet, 2 vol. in-12, 5 liv.
Institutions Leibnitiennes, in-8°. fig. 4 liv. 10 sols.
—les mêmes, in-4°. 7 liv. 10 sols.
Isle taciturne, & Isle enjouée, in-12, p. p. br. 1 l. 4 s.
Keill, introductio ad Physicam & astronom. cum tabulis 47, in-4°. 10 liv.
Œuvres de Parny, 1 vol. in-8°. fig. br. 4 liv. 10 sols.
Œuvres de Pavillon, 2 vol. in-12, 4 liv.
Lais & Phriné, in-8°. 1 liv. 4 sols.
Laporte, guide des Négotians, in-12, 2 liv. 10 sols.
Logique de Jurain, 1 vol. in-8°. pet. pap. 2 liv. 10 sols.
Lettres de Ganganelly, 3 vol. in-12, gr. pap. 9 l. 12 s.
—les mêmes, 3 vol. pet. pap. 7 liv. 10 sols.

Lu & approuvé, ce 19 Août, 1785. GUEFFIER, *Adjoint.*
Vu l'Approbation, permis d'imprimer, ce 20 Août 1785.
DE CROSNE.

SUITE des Livres qui se trouvent chez VOLLAND, Libraire, quai des Augustins, près la rue du Hurepoix.

AMUSEMENS des Eaux de Spa, 4 vol. in-12. broch. 4 l. 16 s.

Arrêts, (Recueil d') par Bardet, in fol. 24 l.

Aventures d'Abdala, 2 vol. in-12. fig. br. 5 l.

Azor, ou les Péruviens, in-8°. 1 l. 4 s.

Baguette Divinatoire, 2 vol. in 12. fig. 6 l.

Bossuet, Traité du libre arbitre, in-12. 2 l. 10 s.

Catalogue de M. de Cangé, 1733, in-8. 1 l. 10 s.

Cabinet des plus beaux Portraits de plusieurs Princes, Princesses, &c. par Vandick, in-fol. composé de 49 figures, 15 l.

Choix des meilleurs Romans Grecs, Latins & Gaulois, de l'Imprimerie de Didot l'aîné, 2 vol. in-4. 1785, broc. 12 l.

Comtesse d'Alibre, in-8. 1 l. 4 s.

Contemp. de la Nature, de Bonet, 3 v. in-8. 12 l.

Contes de Boccace, 2 vol. 4 l. 10 s.

— de la Reine de Navarre, 2 vol. 4 l. 10 s.

— des Fées, par Madame d'Aulnoy, 4 vol. in-12. 10 l.

— Orientaux, de Caylus, 2 vol. in-12. fig. 4 l.

Conventions (Instruct. sur les) in-12. 3 l. 12 s.

Corneille (P.) avec les Commentaires de Voltaire, 8 vol. in-4. 80 l.

Crébillon fils, Lettres Athén. 4 vol. in-8. 9 l.

Cyropédie de Xénophon, de Charpentier, 2 v. in-12. 5 l.

Daniel, Historien de France, recueil de différens Ouvrages, 3 vol. in-4. 24 l.

Début, (le) in-12, broch. 2 l.

Description d'Islande, par Anderson, in-12. 2 v. broch. 3 l.

— des Fêtes données à Paris, au mariage de Madame Louise-Elisabeth de France, 29 & 30 Août 1739, in-fol. gr. pap. orné de 13 fig. en taille-douce, broch. 18 l.

Dictionnaire des Animaux, par Brisson, 4 vol. in-4. 36 l.

— Géograp. de la Martiniere, 6 v. in-fol. 120 l.

— de Trévoux, 8 vol. in-fol. 120 l.

Discours prononcé dans l'Eglise d'Auch, pour la bénédiction des Guidons du Régiment du Roi, par M. l'Evêque de Lescar, in-4. broc. 1 l. 4 s.

— & Lettres de M. de la Croix, 2 vol. 5 l.

— sur les Monumens, publiés par Lubersac, in-fol. broch. fig. 10 l. 4 s.

Dissertation sur Homere, in-12. 1 l. 16 s.

Doctrine Spirit. du P. Lallemant, in-12. 2 l. 10 s.

Ecole de Cavalerie, de la Gueriniere, 2 vol. in-8. 12 l.

Egaremens du Cœur & de l'Esprit, 3 vol. in-12. broch. 3 l. 12 s.

Electricité, (Princ. d') par Mahon, in-8. 4 l. 16 s.

Epîtres & Evangiles, de Macé, 2 vol. in-12. 5 l.

Esprit d'Addisson, 3 vol. in-8. broch. 9 l.

— d'Ives, de Chartres, in-12. 1 l. 16 s.

— des Poésies, de la Mothe, in-12. 2 l.

Essai sur les Accouchemens, de M. Sue, 2 vol. in-8. 12 l.

— sur l'Inde, de M. de la Flotte, in-12. 2 l.

— sur la Providence, in-12. 3 l.

Etat présent d'Espagne, de Vayrac, 2 vol. 5 l.

Fables de la Fontaine, 4 vol. in-fol. gr. pap. 150 l.

— de la Fontaine, de l'Imprim. de Didot l'aîné, 2 vol. in-12. broc. 2 l.

— & Contes, du P. Barbe, in-12. 2 l.

Faramond, Roman, 4 vol. in-12. 12 l.

Fêtes données à Strasbourg, pour la Convalescence de Louis XV, enrichies de 11 magnifiques gravures, par M. Weis, & de 20 feuilles de Discours gravés, in-fol. gr. pap. 30 l.
Formey, Philosophe Payen, 3 vol. 7 l. 10 f.
Fortification, (Essai sur la) in-8. 1 l. 16 f.
Freres, (les) *ou* Hist. de Miss Osmond, 4 v. 6 l.
Gage touché, 2 vol. in-12. fig. broc. 5 l.
Géographie de Crosat, in-12. fig. 3 l.
Glossarium Antiq. Britan. Baxter, in-8. 6 l.
Globe Terrestre, (Précis du) in-12. 2 l. 10 f.
Grange-Chancel, (Œuvre de la) 5 v. in-12. 10 l.
Gravures (15) magnifiques, dessinées d'après les originaux, qui se trouvent à la Chapelle des Enfans Trouvés, format Atlantique, belles épreuves, 18 l.
Guerrier Philosophe, 2 vol. in-12. broc. 2 l. 8 f.
Hérode & Mariamne, de Voltaire, in-8. 18 f.
Histoire de Julie Benson, *ou* l'Innocence opprimée, 2 vol. 5 l.
— de la Vie de Cicéron, par l'Abbé Prevost, 4 vol. in-12. 12 l.
— Ecclésiastique, de Fleury, 25 vol. in-4. 112 l.
— d'Erneville, 2 vol. in-12. broc. 2 l. 8 f.
— des Favorites, in-12. broc. 6 l.
— de France, du Prés. Hénault, 3 v. in-8. 15 l.
— de Gaston de Foix, in-12. 2 l. 10 f.
— de Gilblas, 4 vol. in-12. fig. 10 l.
— de Grandisson, 4 vol. in-12. 12 l.
— de Lideric, Comte de Flandre, in-12. 2 l. 8 f.
— de Louis XI, de Varillas, 2 vol. in-4. 7 l. 4 f.
— de Louis XIII, par Levassor, 7 v. in-4. 40 l.
— de Louis XIV, par Rabutin, in-12. b. 2 l.
— de Louis XIV, par Reboulet, 9 v. 22 l. 10 f.
— & Mémoires de l'Académie des Sciences, depuis le commencement jusqu'en 1778, 171 vol. br. 171 l. au lieu de 500 l.

Histoire de la Maison de Brunsvick, tom. I. 3 l.
— abregée du Nord, 2 v. in-8°. pet. pap. 12 l.
— des Phil. & Fem. Célebres, 2 v. in-12. 3 l. 12 s.
— de Polignac, 2 vol. in-12. 5 l.
— du Prince Soly & Princesse Freslée, 2 v. 3 l.
— de la Princesse de Cleves, 2 vol. broch. 2 l.
— de Russie, de Voltaire, in-12. rel. 3 l.
— Universelle, du Président de Thou, 16 vol. in-4. 120 l.
Homélies, de Thiebault, sur les Evangiles, 4 vol. in-8. 12 l.
Illiade en vers, 2 vol. in-8. broch. 6 l.
Institut. Newton. de Sigorgne, in-8. 7 l.
Instituta Justiniani, 2 vol. broch. 3 l.
Institutiones Catholicæ in modum Catecheseos, Autore Poujet, Lovanii, 14 vol. in-8. 48 l.
Hæc editio nitidissima revisa est accurate à tribus. celeberrimis Professoribus Univers. Lovanii.
Jure (de) antiquo Presbyterorum, in-8. 1 l. 16 s.
La Fargue, (Œuvres de) 2 vol. in-12. 5 l.
Lacombe, Comment. sur les nouvelles Ordonn. in-4. 9 l.
Lafont, Entretiens Ecclésiastiques & Principes de Morale, 9 vol. in-12. 22 l. 10 s.
Lami, Géométrie, in-12. 2 l. 10 s.
— Mathématique, in-12. 2 l. 10 s.
Leçons de Morale, de Gellert, 3 vol. in-8. 9 l.
Lectures de l'Ecriture Sainte contre les Paradoxes impies, par Mallet, in-8. 5 l.
Lettres d'Olban, in-12. broc. 2 l.
— du Comte d'Orreri, sur le Doct. Swit, 2 l.
Loi (la) Naturelle, in-12. 2 l. 10 s.
Logique (Observation sur la) de Volf, 2 l. 10 s.
Lucrece, traduct. de M. Panckoucke, 2 vol. in-12. broc. 2 l. 8 s.
Maladie des Yeux, de Guerin, in-12. 2 l. 10 s.
Malheurs (les) utiles, *ou* l'Amb. Corr. 1 l. 16 s.

Manuel Ecclésiastique, *ou* Abrégé des Actes du Clergé, in-8. 5 l.

— des Ecuyers, in-8. broc. 3 l. 12 s.

Médecin interprete de la Nature, 2 v. in-12. 5 l.

Méditations pour tous les jours de l'année, 2 vol. 4 l. 10 s.

Mélanie, *ou* la Veuve charitable, in-12. 2 l.

Mêlanges d'Histoire Naturelle, d'Alléon Dulac, 6 vol. in-8. pet. pap. broc. 9 l.

— de Poésies Angloises, dans lesquels on trouve Henri & Emma de Prior, 2 l. 10 s.

Mémoires de l'Académie de ces Dames & Messieurs, in 8. 2 vol. broc. 5 l.

— de M. Bordeaux, Intendant des Finances, 4 vol. in-12. broc. 7 l. 4 s.

— de M. Maffey, 2 vol. in-12. broc. 3 l. 12 s.

— de Rohan, avec ses Voyages en Italie, Allemagne, &c. 2 vol. in-12. 5 l.

— sur l'Hist. de Franc. de Mézerai, 2 v. br. 4 l.

— pour servir à l'Histoire de la Russie, sous Pierre Premier, in-12. 2 l. 10 s.

— de la dern. guerre d'Ital. 1728, in-12. 1 l. 4 s.

— particuliers, pour servir à l'Histoire de France, 4 vol. broc. 6 l.

— du Maréchal de Grandvelle, 2 v. in-12. 5 l.

— de M. de la Colonie, 2 vol. in-12. 5 l.

— sur le Saffran, de Desessarts, in-8. 1 l. 4 s.

— de M. de Bellegarde, 2 vol. in-12. 5 l.

— d'un Mondain, 2 vol. in-8. broc. 6 l.

— de Trécourt, sur la Chirurgie, in-12. 3 l.

— du Nord, *ou* Histoire d'une famille d'Ecosse, 2 vol. in-12. broc. 3 l.

Méry (M. l'Abbé) Traité de la Noblesse & des vertus qui la constituent, in-12. broc. 1 l. 10 s.

Mere Chrétienne, *ou* Devoirs d'une femme en qualité de fille, femme & veuve, 2 vol. in-8. pet. pap. broc. 3 l. 12 s.

Métamorphose de l'Amour, in-12. br. 1 l. 4 s.

Monument élevé à la gloire de Pierre le Grand, *ou* Relation des moyens employés pour transporter à Pétesbourg, un rocher de 300000 pesant, enrichi de 12 figures, in-fol. br. 15 l.

— érigés à la gloire de Louis XV, ouvrage enrichi de 57 figures en taille-douce, par M. Patte, in-fol. gr. pap. 36 l.

Morale (la) Evang. à l'us. des Curés de la campagne, par M. l'Abbé Méry, 2 v. in-12. br. 5 l.

Mysteres secrets de la Fr. Mâçonn. in-8. 1 l. 10 s.

Nouvelles Littéraires, 2 vol. in-8. pet. pap. 6 l.

Observations sur les Turcs, leurs Mœurs & leur Religion, 2 vol. in-8. broc. 2 l. 8 s.

— de M. Forster, pendant le second voyage de Cook, faisant le tome V, in-4. 15 l.

Objets principaux de Médecine, par Robert, 2 vol. in-12. 5 l.

Orgueil (de l') National, in-12. 2 l. 10 s.

Panégyrique & Oraisons Funebres du P. Larue, 3 vol. in-12. 7 l. 10 s.

Parallele des différentes méthodes de traiter les Maladies Vénériennes, in-12. 2 l. 10 s.

Paroles remarquables & bons Mots des Orientaux, 2 vol. broc. 3 l.

Pêcheur cru Norwegois, in-12. broc. 1 l. 4 s.

Pensées & Réflex. de Madame d'Arconville, in-12. pet. pap. 2 l.

Pharmacopée Royale, de Charas, in-4. 10 l.

Philosophia ad usum Scholarum accommodata, autore Buhon, 4 vol. 10 l.

Philosophe Chrétien, de Sigorgne, in-8. 4 l. 10 s.

Physique prouvée par l'Expérience & l'Ecriture Sainte, 2 vol. in-12. broc. 3 l. 12 s.

Piron, 7 vol. in-8. 42 l.

Poésies & Philosophie d'un Turc à 3 queues, &c. in-8. broc. 3 l. 12 s.

Poésies Lyriques, in-12. pet pap. 2 l.
— du Roi de Prusse, 2 vol. in-18. 3 l. 12 s.
Point d'Honn. Nouv. Angl. 3 v. in-12. 4 l. 16 s.
Politique Indien, in-8. pet. pap. 2 l.
Prix de la Vertu, in-12. broc. 1 l. 4 s.
Profes. de Foi des Théistes, in-8. broch. 15 s.
Proverbes Dramatiques, de Madame de Laisse, 2 vol. in-8. 6 l.
Principes d'Electricité, de Mahon, in-8. 4 l. 4 s.
Recueil sur les femmes Illustres du siecle de Louis XIV, 2 vol. in-12. 4 l. 16 s.
— d'Ecrits sur les différens entre les Pairs de France & les Présid. à Mortiers, in-fol. 24 l.
— des Ouvrages de S. Evremont, in-12. 2 l.
Réflexions Critiques sur différens Sujets, 2 vol. in-12. broc. 2 l. 10 s.
— sur la maniere d'écrire en matiere d'Administration, in-8. broc. 1 l. 16 s.
— sur les défauts & les ridicules, de Madame Puysieux, in-12. broc. 2 l. 10 s.
Refus, (les) in-8. pet. pap. broc. 1 l. 4 s.
Réfutation des Epoques de la Nature, par M. Royou, 1 vol. 1 l. 10 s.
Religion Chrétienne, de Grotius, in-12. 2 l. 10 s.
— Chrét. de Chardon de Lugny, 2 v. 4 l. 10 s.
Remarques sur Homere, in-12. broc. 1 l. 16 s.
Retraite de Madame de Gozanne, 2 v. 3 l. 12 s.
Romagnési, (Œuvres de) 2 v. in-8. broc. 6 l.
Révol. des Empires, de Renaudot, 2 v. 7 l. 4 s.
— Les mêmes, pap. fin, 4 vol. 18 l.
Rousseau, (Œuv. com. de J. J.) 24 v. in-12. 60 l.
Ruses de Guerre, de Polyen, 3 v. p. p. 6 l.
Scamnomanie, in-8. broc. 1 l.
Science de calcul, de Reyneau, 2 v. in-4. 18 l.
Sermons de D. Césaire, 2 vol. in-12. 5 l.
— du P. Hubert, 6 vol. in-12. 15 l.
— de S. Léon le Grand, in 8. 6 l.

Sophronie, *ou* Leçons prétendues d'une mere à sa fille, in-8. 1 l. 4 ſ.
Soupirs de l'Europe à la vue du Traité de paix, 1713, 1 vol. 2 l. 10 ſ.
Stations de Jéruſalem, in-18. fig. 1 l. 10 ſ.
— de la Paſſion, in-12. fig. 2 l.
Sybilla Capitolina Virgilii, in-8. broc. 1 l. 4 ſ.
Tables Loxodromiq. de Murdock, in-8. 4 l. 10 ſ.
Tablettes des Rois de France, 3 v. in-12. 7 l. 10 ſ.
Temple du Bonheur, 4 vol. in-12. 10 l.
— de Gnide, in-8. p. p. avec fig. broc. 2 l. 10 ſ.
— Le même, in-12. ſans fig. 1 l. 16 ſ.
Théât. des Paſſions & de la Fortune, 2 v. 3 l. 12 ſ.
Théologie des Inſectes, 2 v. in-8. rel. 8 l.
Théorie de la Parole, in-12. 1 l. 4 ſ.
— des Bénéfices, 2 vol. broc. 3 l.
— des Tourbillons Cartéſiens, in-12. 2 l. 10 ſ.
Théotreſcie, (la) *ou* Traité de la Religion Chrét. de Heſpelles, 3 vol. in-12. 9 l.
Traité des Hernies, Diſcours prononcé à l'ouverture de l'Ecole de Chirur. en 1720, 1 l. 4 ſ.
Vie d'Azevedo, par Beauvais, in-12. 2 l. 10 ſ.
— de Clément XI, Pape, 2 vol. 5 l.
— de Gaſſendy, in-12. 2 l. 10 ſ.
— de Grotius, in-4. 6 l.
— de Marie de Savoye, Reine de Portugal, par le Pere d'Orléans, in-12. 3 l.
— de Mignard, avec deux Dialogues ſur la Peinture, de Fénélon in-12. 3 l.
— de Dona Olympia Maldachini, 2 v. br. 3 l.
— des Anciens Orateurs Grecs, 2 vol. 5 l.
— de S. Ferdin. Roi de Caſtille, in-12. 2 l. 10 ſ.
Vita aliquot Princip. ab anonimo, in-8. 3 l. 12 ſ.
Vizzanius, de Mandatis Principum, in-4. 6 l.

TRADUCTION DES MEILLEURS ROMANS, GRECS, LATINS ET GAULOIS;

DE L'IMPRIMERIE DE DIDOT L'AÎNÉ,

A PARIS, chez VOLLAND, Libraire, quai des Augustins.

Deux vol. *in*-4°. de près de 500 pages chacun,

Prix, 12 liv. brochés.

LA médiocrité du prix, la beauté de l'impression & les Extraits choisis des meilleurs Romans qui existent dans les langues Grecque, Latine & Gauloise, & de ceux qui ont paru dès le dix-septième siecle, doivent procurer un débit prompt & certain de ce livre, dont on n'a tiré que très-peu d'exemplaires.

Pour donner une idée de cette collection, nous joindrons ici une note des principaux Romans qui se trouvent dans ces deux volumes.

Dans le premier sont : les Affections de divers Amans, de Parthenius = les Narrations d'amour de Plutarque = l'Ane d'or d'Apulée = le Roman & les Prophéties de Merlin = Hector = Artus, roi de la grande-Bretagne = Charlemagne = Godefroy de Bouillon = Bertrand du Guesclin = Astrée = les Satyres de Pétrone = le Télémaque de M. de Fénélon, avec quelques fables du même Auteur = la Médaille à l'envers = le Cordelier médecin = le Mari armé = le Duc de l'Aiguillette = l'ivrogne en paradis = le Mari commode = l'Encens au Diable = le Clerc eunuque = le Faiseur de Papes = la Nonain savante = le Borgne aveugle=le Conseiller au bluteau=l'Enfant de neige= l'enfant à deux peres=la Botte à demi=la Forcée de gré= le Mari Confesseur=les Amans infortunés=l'Histoire de Mélusine=Romans merveilleux=les meilleurs Contes de Madame d'Aulnoy=les Amours de Daphnis & de Chloé=Histoire secrette des femmes galantes de l'antiquité=Histoire d'Io=Histoire de Cérès=de Vénus= d'Ariane=de Sémiramis=de Donesie=de Tarpeïa=de Callisthée=de Pasiphile=Almahide=seize différentes Fables=le Roman bourgeois de Furetiere=Histoire de Lucrèce la Bourgeoise=sept Nouvelles françoises, dont Adelaïde= Honorine=Mathilde — Armide & Floridon, &c. &c.

Le second contient Erastus ou les sept sages de Rome= les Compagnons de la Table ronde= les Impératrices romaines = Calpurnie = Lirée = Julie = les trois femmes de Caligula=Messala=Lépide = le Pélerinage de Colombelle & de Volontairette=Télémaque travesti. =Les Contes du temps passé de Perrault = les Amours de Leucippe, traduits du Grec de Tatius—Lancelot Dulac, Chevalier de la Table ronde=Artamene=Zayde =Princesse de Montpensier=Carpenteriana=Voyages de Cyrus par Ramsay = le Repos de Cyrus=Contes, Nouvelles & joyeux Devis de Bonnaventure des Perriers.=Cymbalum mundi = les trois Fous = les Contes d'Hamilton, &c. &c.

Quand on songe au dégoût que le Rédacteur a dû essuyer pour extraire les perles qui se trouvoient noyées dans une multitude innombrable des anciens Romans, on doit savoir le plus grand gré à son intrépide constance de le vaincre pour nous procurer le plaisir que doit causer nécessairement un choix bien fait.

Lu & approuvé, FOURNIER. *Adjoint,*

Vu l'Approbation, permis d'imprimer, ce 18 Mai 1785,

LENOIR.

ROMANS qui se trouvent chez le même Libraire.

AMADIS des Gaules, de M. de Tressan, 2 vol. in-12, 6 liv.
Amours de Daphnis & Chloé, 1718, édit. du Rég. en mar. 84 l.
Les mêmes, 1 vol. in-8°. 1745, fig. 6 liv.
Amours des Déesses, avec de bel. fig. 1639, in-8°. pet. p. 6 l.
Anecdotes de la Cour de Bonhommie, 2 vol. in-12, br. 5 liv.
Anti-Paméla, ou la fausse innoc. déc. 2 vol. reliés en 1, 3 l. 12 s.
Aventures de Joseph Andrews, 2 vol. in-8°. br. 6 liv.
—de Silvie de Moliere, 2 vol. in-12, 5 liv.
—malheureuses de la Comtesse de Suede, 2 v. in-12 br. 1 l. 16 s.
Azor ou les Péruviens, in-8°. 1 liv. 4 sols.
Berger extravagant, 1627, in-8°. 6 liv.
Cent Nouvelles nouvelles, 18 vol. in-12, gros carac. 45 liv.
Cléopatre, 12 vol. in-12. 36 liv.
Comtesse d'Alibre, 1 vol. in-8°. 1 liv. 4 sols.
Comte de Warwick, par Madame Daulnoy, 2 vol. in-12, 5 liv.
Nouvelles de la Fontaine, Boccace & Reine de Navarre, 6 vol. in-12, petit papier, 15 liv.
Contes des Fées, par Madame Daulnoy, 4 vol. in-12. 10 liv.
—moraux, de Marmontel, 3 vol. in-12, fig. br. 10 liv. 10 sols.
—moraux, ou les hom. comme il y en a peu, 3 v. in-8°. rel. 15 l.
—orientaux du Comte de Caylus, 2 vol. in-12, br. fig. 4 liv.
Crébillon, Egaremens du cœur & de l'esprit, 3 v. in-12, br. 3 l.
Decameron & Nouvelles de Dussieux, 5 vol. in-8°. éc. fil. 36 liv.
Egaremens réparés, ou Hist. de Miss Mildmay, in-12 br. 2 l. 10 s.
Foiblesses d'une jolie femme, 2 vol. in-12, 2 liv. 8 sols.
Guerrier Philosophe, ou Mémoires de M. le Duc de ** 1 v. 3 l.
Gyphantie, 2 vol. br. 3 liv.
Derniere Héloise, 1 vol. in-8°. avec de belles gravures, 6 liv.
Histoire de Cléveland, par l'Abbé Prévôt, 6 vol. in-12, 15 liv.
—d'Ema, 2 parties in-12 en un vol. 2 liv. 10 sols.
—de la Princesse de Cleves, 2 vol. in-12 petit papier, 2 liv. 8 s.
—de Madame d'Erneville, in-12 br. 2 liv. 10 sols.
—de Gilblas, par le Sage, 4 vol. in-12, fig. 10 liv.
—de Miss Indiana Damby, 2 vol. 2 liv. 8 sols.
—de Dom-Quichotte, de Cervantes, 6 vol. in-12, fig. 21 l.
—La même sans fig. 6 vol. 15 liv.
—de Fanny Splinger, 2 vol. br. 3 liv.
—de Grandisson, 8 parties en 4 vol. 12 liv.
—d'un jeune Grec, 2 vol. in-8°. pet. pap. br. 5 liv.
—secrette de quelques personnes illustres de la maison de Lorraine, 2 vol. in-12 br. 3 liv. 12 sols.

Histoires tragiques, extraites de Bandel, & mises en françois par Boiteau & Belleforest, 7 vol. 21 liv.
Hyppolite Comte de Duglas, 2 vol. in-12, fig. 1 liv. 16 sols.
Jeune Alcidiane, 3 vol. in-12, br. fig. 7 liv. 10 sols.
Infortuné Napolitain, ou Avent. de Roselli, 2 vol. in-12 fig. 6 l.
Joseph, Roman poët. par Bitaubé, in-12 pet. pap. rel. 2 l. 10 f.
Lettres de la Duchesse de ** par Crébillon, 2 vol in-12. 3 liv.
Le Mariage, 2 vol. in-12, br. 3 liv.
Mémoires de Berval, in-12 pet. pap. 1784, 1 liv 10 sols.
—de Mademoiselle de Sternheim, 2 vol. in-12 br. 3 liv. 12 sols.
—Turcs, 3 vol. in-12, fig. br. 6 liv.
Mille & un quart-d'heures, 3 vol. in-12, 7 liv. 10 sols.
Mille & un jours, 5 vol. 12 liv. 10 sols.
Mort d'Abel, de Gesner, in-12, pet. pap. 2 liv.
Narcisse dans l'île de Vénus, par Malfilatre, in-8°. fig. 3 liv. 12 f.
Nérair & Méhoé, 2 vol. in-12, 5 liv.
Nicole de Beauvais, 2 vol. in-12 br. 2 liv. 8 sols.
Novelle di Grazzini, in-4°. grand papier. 18 liv.
—Les mêmes in-8°. tr. dor. 6 liv.
Paysanne parvenue, 4 vol. in-12, pet-pap. 8 liv.
Philosophes aventuriers, 2 vol. in-12, br. 3 liv.
Plaisirs de l'Amour, 2 vol. in-12, br. 2 liv. 8 sols.
Recueil de Contes, 2 vol. in-12, br. 3 liv.
Rendez-vous du Parc de Versailles, 2 vol. in-12, br. 2 liv. 10 f.
Œuvres de Madame Riccoboni, 20 part. en 9 vol. 30 liv.
Aloyse de Livarö, Enguerrand & Gertrude, 2 vol br. 3 liv.
Roman bourgeois de Furetiere, in-12 jolie édit. 6 liv.
—de Voltaire, 3 vol. in-12, pet. pap. br. 6 liv.
—& autres œuvres de Bellegarde, 14 vol. in-12, 28 liv.
—& Contes de Voisenon, 1 vol. in-12, br. 2 liv. 8 sols.
Rosalinde, 2 vol. in-12, 3 liv.
Rousseau, nouvelle Héloïse, & autres ouvrages, 12 vol. in-4°. figures de Moreau, en feuilles, 108 liv.
—Les mêmes, 24 vol. in-8°. 72 liv.
—Les mêmes, 24 vol. in-12, 42 liv.
Le Sylphe, 2 vol. in-12. br. 3 liv. 12 sols.
Temple du bonheur, 4 vol. in-12, 10 liv.
Triomphe de la Nature, in-12, br. 1 liv. 16 sols.
Tyran le Blanc, 3 vol. in-12, br. 6 liv.
Voyage & aventures de** 4 vol. in-12, br. 8 liv.

On trouve chez le même Libraire tous les livres dont on peut avoir besoin ; il achete toutes sortes de livres, & se charge de tous les abonnemens.

CATALOGUE
DES LIVRES
QUI SE TROUVENT

Chez VOLLAND, Libraire, Quai des Augustins, près la rue du Hurepoix,

A PARIS.

A

ACCORD de la Foi avec la Raison, 2 vol. *in*-12. brochés. 3 liv.

Ætna de Cornelius Severus, & les Sentences de Publius Syrus, 1 vol. *in*-12., latin & françois. 3 liv.

Amadis des Gaules de M. le Comte de Tressan, 2 vol. *in*-12. 6 liv.

Amours de Daphnis & Cloé, 1 vol. *in*-12. belle édition avec figures. 6 liv.

Amusemens innocens, *in*-12. 2 liv. 10 s.

Analyse de Bayle, ou Réfutation de Bayle, par lui-même, 2 vol. *in*-12. 5 liv.

*Anecdotes Africaines, 1 vol.; Américaines, 1 vol.; Arabes, 1 vol.; de Bienfaisance, 2 vol.; Chinoises, 1 vol.; Ecclésiastiques, 2 vol.; Espagnoles, 2 vol.; Françoises, 1 vol.; Orientales, 2 vol.; des Républiques, 2 vol.; Romaines, 1 vol. à 4 l. 10 s. chaque volume.

Art de péter, essai théori-physique, 1 vol. *in*-12. broché. 1 liv. 4 s.

Astronomie des Marins, 1 vol. *in*-8°. 7 liv. 4 s.

*Aventures (les) malheureuses de la Comtesse de Suède, 2 vol. *in*-12. brochés. 1 liv. 10 s.

Aventures (les) principales de Don Quichotte, 2 vol. *in*-8°. 12 liv.

B

BIBLE (la sainte), traduite en françois par le Gros, 6 vol. *in*-12. 15 liv.

Bibliothèque des anciens Philosophes, 5 volumes *in*-12. 15 liv.

* Bibliothèque Ecclésiastique, 8 vol. *in*-12. 20 liv.

Bibliothèque historique de la Congrégation de St. Maur, 1 vol. *in*-12. 3. liv.

Bon Paroissien (le) ou les Étrennes utiles aux chrétiens, 1 vol. *in*-24. 1 liv. 4 s.

C

* COMMENTAIRE (nouveau) sur l'Ordonnance de la Marine, du mois d'Août 1681, par M. Valin, 2 vol. *in*-4°. 24 liv.

Commentaires sur les Ordonnances de Louis XIV, par un Avocat de Toulouse, 1 vol. *in*-4°. 7 liv. 10 s.

Conduite chrétienne, dédiée à Madame la Duchesse de Bourgogne, 1 vol. *in*-12. 2 liv. 10 s.

Confessions (les) de J. J. Rousseau, édition originale faite sur son manuscrit, 2 vol. *in*-8°. brochés. 4 l. 16 s.

Connoissances nécessaires dans le traitement des maladies vénériennes, *in*-12. 3 liv.

Contes orientaux de M. le Comte de Caylus, 2 vol. *in*-12. broch. 4 liv.

Cours de Chimie, *in*-12. 2 liv. 10 s.

Cours d'étude de Condillac, 12 vol. *in*-8°. 48 liv.

Cours de Mathématiques de Saury, 5 vol. *in*-8°. 36 l.

Cyropédie de Xenophon, 2 vol. *in*-12. 5 liv.

D

DÉFENSE de la Religion, de Burnet, 6 vol. *in*-8°. 18 l.

* Description de l'Islande, 2 vol. *in*-12. sans fig. br. 3 liv.

Dictionnaire anti-philosophique, 2 vol. *in*-8°. petit caractere. 8 liv.

Dictionnaire des Cas de conscience, 2 vol. *in*-4°. 21 liv.

Dictionnaire du Citoyen, 2 vol. *in*-8°. 9 liv.

Dictionnaire de l'Ecriture-sainte, 2 vol. *in*-8°. 9 liv.

Dictionnaire des Saints personnages, 2 vol. *in*-8°. 9 liv.

*Dictionnaire des Siéges & Batailles, 3 vol. *in*-8°. 15 liv.

Dictionnaire de la langue Françoise, par Richelet, 3 vol. *in folio*. 60 liv.

E

Eclipses (les), Poëme, *in*-4°. 12 liv.

* Elemens de Chimie de Boerhaave, 2 vol. *in*-4°. en latin. 24 liv.

Elémens de Dynamique de Mathon de la Cour, 1 vol. *in*-8°. broché. 4 liv.

Eleve (l') de la Nature, 3 vol. *in*-12. bro. fig. 4 l. 10 s.

Entretiens de l'ame, *in*-12. gros caractere. 2 l. 10 s.

Esprit des différens Peuples, 3 vol. *in*-8°. 15 liv.

* Essais historiques, littéraires & critiques sur l'Art des Accouchemens, par M. Sue, Auteur du Dictionnaire de Santé, 2 vol. *in*-8°. 12 liv.

Essais de Chimie de Dreux, *in*-12. 2 liv. 10 s.

Essais sur l'Histoire économique des Mers occidentales, *in*-8°. 5 liv.

Exercice des Commerçans, Livre utile à tous les Négocians, 1 vol. *in*-4°. 10 liv.

Exhortations pour le Baptême, de Pontas, *in* 12. 2 l. 10 s.

Exhortations aux malades, de Pontas, *in*-12. 2 l. 10 s.

F

Fables de Boissard, 2 vol. *in*-8°. rel. fig. 12 liv.

Fatio, Table des Intérêts simples & composés, 1 vol. *in-folio*. 10 liv.

H

* Henriade (la) de Voltaire, avec les notes de MM. la Baumelle & Fréron, *in*-4°. 12 liv.

—— La même, 2 vol. *in*-8°. 12 liv.

Histoire de l'Agriculture ancienne, 1 vol. *in*-12. 2 l. 10 ſ.

Histoire de l'Aſie, l'Afrique & l'Amérique, 5 vol. *in*-4°. 40 liv.

—— On vend ſéparé le tome V, 10 liv.

Histoire de l'électricité, traduite de l'Anglois de Prieſtley, 3 vol. *in*-12. 9 liv.

Histoire de la Faculté de Médecine de Montpellier, *in*-4°. 10 liv.

* Histoire des Glacieres de Suiſſe, de Keralio, 1 vol. *in*-4°. 18 liv.

Histoire de France du Préſident Hénault, 3 volumes *in*-8°. 15 liv.

Histoire littéraire de Voltaire, 6 vol. *in*-8°. br. 15 l.

Histoire des Papes de Duchesne, 1 vol. *in-folio*. 10 l.

Histoire de Ruſſie, de Voltaire, 1 vol. *in*-12. 3 l.

Histoire du Syndicat d'Edmond Richer, 1 volume *in*-12. 3 liv.

* Horace, traduction de Reganhac, 2 vol. *in*-12. 5 liv.

L

Lami, Elémens de Géométrie, 1 vol. *in*-12. 2 l. 10 ſ.

Lami, Elémens de Mathématiques, 1 vol. *in*-12. 2 l. 10 ſ.

Laurentii, *Anatomia*, 1 vol. *in-folio*. 15 l.

Lettres de Bayle, 2 vol. *in*-12. 5 liv.

Lettres de deux Amans de Lyon, par M. Léonard, 3 vol. *in*-12. br. 4 liv. 10 ſ.

Lettres édifiantes & curieuſes des Miſſionnaires, 26 vol. *in*-12. 84 liv.

M

MANIERE de bien penser, *in-12.* 2 liv. 10 s.
Mathématiques de Varignon, *in-4°.* 9 liv.
Médecin interprète de la Nature, 2 vol. *in-12.* 5 l.
* Mémoires de M. de Berval, *in-8°.* petit papier, 1784, sous presse. 2 liv. 10 s.
Mémoires de du Guay-Trouin, 1 vol. *in-12.* fig. 3 l.
Mémoires sur l'Education publique, par M. Guyton de Morveau, *in-12.* 3 liv.
* Mille & un jours, 5 vol. *in-12.* 12 liv. 10 s.
Mille & un quart-d'heures, 3 vol. *in-12.* 7 l. 10 s.
* Mois (les), Poëme, par M. Roucher, 2 vol. *in-4°.* figures. 30 liv.
—— Les mêmes, 4 vol. *in-12.* petit papier. 9 liv.
Monarchie Françoise de Dubos, 2 vol. *in-4°.*, Hollande. 21 liv.

N

NOVELLE di Grazzini detto il Lasca 1 vol. *in-4°.* en carton. 18 liv.
Nouvelles en vers, par la Fontaine, 2 vol. *in-12.* petit papier. 4 liv. 10 s.

O

ŒUVRES de Balzac, 2 vol. *in folio.* 18 liv.
Œuvres complettes du Cardinal de Bernis, 1 vol. *in-12.* petit papier. 2 liv.
Œuvres de Chaulieu, 2 vol. *in-12.* pet. pap. 4 l. 10 s.
Œuvres de Crébillon, 3 vol. *in-12.* petit pap. 7 l.
Œuvres mêlées de M. de la Fargue, 2 vol. *in-12.* 5 l.
Œuvres de la Mothe-le-Vayer 2 vol. in folio. 21 l.
Œuvres de Piron, 7 vol. *in-8°.* 42 l.
Œuvres de Regnard, 4 vol. *in-12.* petit pap. 9 l.
Œuvres mêlées de Saint-Gelin, *in-12.* broc. 1 l. 16 s.
* Œuvres complettes de Shakespeare, traduites de l'Anglois par M. le Tourneur, 20 vol. *in-8°.* br. 80. l.

Ordonnances de Louis XIV ſur les Eaux & Forêts, *in*-12. 3 l. 12.

P

PARALLELE des Maladies Vénériennes, *in*-12. 2 l. 10 ſ.

Parnaſſe des Dames, 9 vol. *in*-8°. 35 liv.

Philoſophe Payen de Formey, 3 vol. *in*-12. 7 l. 10 ſ.

Poeſie Toſcane del Senatore da Filicaia, 1 volume *in*-4°. 15 liv.

Principes de l'Art Militaire, 3 vol. *in*-8°. 18 liv.

R

* RECUEIL de Pieces de Madame Riccoboni, contenant Aloyſe de Livaro, Gertrude, &c. 2 vol. *in*-12. brochés. 3 liv.

——Le même, papier fin 3 l. 12 ſ.

* Réflexions ſpirituelles de Croiſet, 2 vol *in*-12. 5 l.

Réprobation des Pécheurs, 1 vol. *in*-8°. pet. pap. 3 l.

* Retraite ſpirituelle de Croiſet, 2 vol. *in*-12. 5 liv.

* Révolutions d'Italie de Denina, 8 vol. *in*-12. 24 l.

Rime del Conte Durante Duranti Patrizio Breſciane, 1 vol. *in*-4°. 12. liv.

Roland le furieux, traduction libre de M. le Comte de Treſſan, 5 vol. *in*-12. 15 liv.

S

SEMAINE SAINTE à l'uſage de la Maiſon du Roi, Rome & Paris, *in*-12. 3 liv.

* Sermons de Cambacerés, 3 vol. *in*-12. 9 liv.

Sermons de Collet, 2 vol. *in*-12. 5 liv.

Sermons de Fléchier, 5 vol. *in*-12. 15 liv.

* Sermons de Poulle, 2 vol. *in*-12. 5 liv.

Soupirs de l'Europe pour la Paix, 2 vol. *in*-12. 4 l. 10 ſ.

* Stations de Jéruſalem & du Calvaire, par Parvilliers, *in*-18. rempli de figures. 1 l. 10 ſ.

T

* *Terentii Opera cum notis*, 2 vol. *in*-12. ſuperbe édition, avec gravûres. 13 liv.

* Théâtre de Campagne, par l'Auteur des Proverbes dramatiques, 4 vol. *in*-8°. 15 liv.

Théorie des Bénéfices, 2 vol. *in*-12. brochés. 3 l. 12 ſ.

Traité des affections vaporeuſes, par M. Pomme, 1 vol. *in*-8°. petit pap. broché. 2 liv.

Traité de Chirurgie de M. de la Mothe, 2 volumes *in*-8°. 12 liv.

Traité de l'exiſtence de Dieu de Bullet, 1 vol. *in*-8°. petit papier. 2 liv. 10 ſ.

Traité de la perfection de l'Etat Eccléſiaſtique, 2 vol. *in*-12. 6 liv.

V

* Vie & Aventures de Robinſon Cruſoé, par Feutry, 2 vol. *in*-12. fig. broch. 3 liv.

Vies des hommes illuſtres de Plutarque, 12 volumes *in*-12. 36 liv.

Voyage (premier) de Cook, dit communément Voyage de Banks, 4 vol. *in*-4°. fig. 72 liv.

—— Le même, 4 vol. *in*-8°. avec un vol. *in*-4°. d'Atlas. 33 liv.

Voyage (ſecond) de Cook, 5 vol. *in*-4°. fig. 78 liv.

Voyage de la Chapelle, à la ſuite duquel on trouve Tangu & Félime, 1 vol. *in*-8°. pet. pap. broc. 2 l. 10 ſ.

* Voyage de Montagne, *in*-4°. gr. pap. 10 liv.

Vraie Philoſophie, Tome premier, broch. 2 liv.

Nota. Les Articles marqués d'une *, ſont en grand nombre.

On trouve chez le même Libraire tous les Livres dont on peut avoir beſoin.

Lu & approuvé. A Paris, ce 4 Mars 1784.

Fournier, *Adjoint.*

www.ingramcontent.com/pod-product-compliance
Lightning Source LLC
LaVergne TN
LVHW010251230826
846091LV00007B/2909